池上彰のよくわかる
世界の宗教
キリスト教

著/池上 彰　編/こどもくらぶ

丸善出版

カトリックの中心地であるヴァチカン市国にある、サン・ピエトロ大聖堂の内部。

はじめに

「自分はなぜ生まれてきたのだろうか」「何のために生きているのか」と考えたことはありませんか？　また、「死んだあとはどうなるのだろう」と考えて、こわくなったことはありませんか？　自分の肉親や友だち、かわいがっていたペットが亡くなってしまったこともあるかもしれません。「死んでしまっても、魂のようなものがどこかに存在しているにちがいない」と思う人もいるのではないでしょうか。

　多くの宗教は、人がどのように生きていけば、安心して幸せに生きていけるのか、「死」をおそれずに受けいれるにはどうしたらいいのかを考えたことから生まれました。

　また、宗教は自然とも深く結びついています。適度な雨と日光、そして大地が、作物を実らせます。自然は、人間が生きていくためになくてはならないものです。しかし、自然は同時に、洪水などの災害を引きおこし、一瞬にして生命をうばうものでもあります。そのため、世界のほとんどの地域の人びとは、はるか昔から自然に対する感謝とともにおそれの気持ちをいだいてきました。こうしたところからも、宗教が生まれたと考えられています。

　この本では、世界中にたくさんある宗教のなかから、「キリスト教」を取りあげて解説します。キリスト教は世界中に広まり、いまでは信者の数が20億人といわれる、とても大きな宗教です。

写真：AP／アフロ

　現在、キリスト教はいくつもの派（宗派）に分かれていますが、そのなかのいちばん大きな宗派である「ローマ・カトリック」の最高指導者（司祭）は、「ローマ法王（教皇）*」とよばれます。上の写真は、2013年3月、新たなローマ法王フランシスコが就任したのときのものです。就任式には世界中の政治家や宗教関係者が約200人出席し、約20万人の信者が集まりました。この写真から、ローマ法王がいかに大きな影響力をもっているかがうかがえるでしょう。

　キリスト教は、ヨーロッパの国ぐにとって、とても重要です。ヨーロッパでは、1993年、各国がいろいろな面での協力関係をより強くしようとして、EU（欧州連合）をつくりましたが、EUは、キリスト教徒が多い国どうしなのでまとまっているともいえるのです。どの国にも、あちこちにキリスト教の教会があって、日曜日には、多くの人が礼拝におとずれます。

　ヨーロッパにとってキリスト教が、なぜ重要なのか？　キリスト教は、なぜ世界中の人に受けいれられるようになったのか？　考えていきましょう。

　現在、世界には宗教が原因となって紛争がつづいている地域がたくさんあります。宗教は人の幸せをめざすものであるのに、どうして宗教をめぐって不幸がおこるのでしょうか？　宗教に関するさまざまな疑問も考えてみましょう。

＊この本では、ローマ・カトリックを「カトリック」、ローマ教皇は「ローマ法王」とする。なお、2016年9月現在のローマ法王は、2013年3月13日に即位したフランシスコ。

もくじ

PART 1　キリスト教を知ろう

- キリスト教ってどんな宗教なの? ……………… 6
- ユダヤ教から引きついだもの ………………… 10
- キリスト教、ユダヤ教、イスラム教 …………… 12
- ユダヤ教とイスラエル① ………………………… 14
- ユダヤ教とイスラエル② ………………………… 16
- クリスマスは何のお祝い? ……………………… 18
- キリスト教の代表的な儀式 ……………………… 20

PART 2　キリスト教をめぐる争いと歴史

- ローマ帝国とキリスト教 ………………………… 22
- イスラム教との出あいと十字軍の派遣 ………… 24
- 教会から聖書へ …………………………………… 26
- イギリス国教会とピューリタン革命 …………… 28
- 「東方」へ広まったキリスト教 ………………… 30
- 世界中での布教活動 ……………………………… 32

PART 3　キリスト教についてもっと知ろう

- キリスト教徒の多い国ぐに ……………………… 42
- キリスト教と芸術 ………………………………… 44

全巻さくいん ……………………………………… 46

PART 1 キリスト教を知ろう

キリスト教ってどんな宗教なの？

キリスト教はどこでどのようにして生まれたのでしょうか。
そして、どうやって世界中に広まっていったのでしょうか。

ユダヤ教徒だったイエス・キリスト

キリスト教とは、イエスの教えにもとづき、イエスを救世主「キリスト」と信じる人たちの宗教です。「**キリスト**」は、イエスをさすことばとしてつかわれ、「イエス・キリスト」となりました。イエスとは、いったいどのような人だったのでしょうか？

およそ2000年前、イエスは、現在のイスラエル国内のベツレヘムという町で、大工の父ヨセフと母マリアのあいだに生まれました。（『新約聖書』（→P7）では、マリアは神の力によってイエスをやどしたとされている。）

当時、その地方では、すでにユダヤ教（→P14）が広まっていて、イエスもユダヤ教徒として育てられました。ところが、イエスはユダヤ教徒でありながら、ユダヤ教を批判し、改革運動を進めました。

ユダヤ教では、ユダヤ人こそが神に選ばれた民であって、神に救われる唯一の民族であると説いています。そこへ、すべての人間はみんな平等で、神を信じるものはだれでも救われると説く、イエスがあらわれたのです。

キリスト教は、世界中に広がっている。そのはじまりの地は、ヨーロッパとアジアが接し、そしてアフリカにも近い、現在の「中東」とよばれる地域だ。

キリスト ギリシャ語で「救世主」という意味。救世主とは、世界の人びとを救ってくれる存在ということ。イエス・キリストという名前自体に、イエスを救世主として認めるというキリスト教徒の立場があらわれている。ヘブライ語で「メシア」という。

PART 1　キリスト教を知ろう

キリストが十字架にかけられたゴルゴタの丘には、現在「聖墳墓教会」という教会がたてられている。写真はその内部。世界中のキリスト教徒がおとずれて、礼拝をおこなう。

死後も広がるイエスの教え

ユダヤ教には、「神が人びとを救うためにこの世に救い主をつかわす」という救世主（メシア）思想があり、イエスの教えをきいて感動した人びとは、彼こそがこの救世主であると信じました。

けれども、イエスのことを救世主と認めないユダヤ教徒もいました。その人たちは、イエスの支持者がふえることをおそれて、その地域を支配していたローマ帝国の役人に、「イエスが帝国にさからって独立することを考えている」とうったえました。

その結果、イエスはとらえられ、ゴルゴタの丘で十字架にはりつけられて処刑されてしまいました。紀元30年ごろのことだといわれています。

十字架にかけられたイエスのすがたは、世界中で絵画やステンドグラスの題材となり、教会などにかざられている。

イエスの教えは、弟子たちによって、まずは『福音書』にまとめられました。これが、後世に『新約聖書』としてさらにまとめられ、世界中に広まっていきました。

ローマ帝国　紀元前7世紀にたてられた、古代ヨーロッパ最大の帝国。紀元395年に東西に分裂した。
新約聖書　キリスト教では、キリストが登場したことで、神と人とは「新しい約束」をむすんだと考えるため、自分たちの経典を『新約聖書』とよぶ。

弱者の救済

ユダヤ教では、祖先が神とむすんだ約束（律法）を守る人だけが、死後「神の国」で幸せにくらすことができると信じられていました。しかし、身分の低い人やハンセン病などの病気の人、身体に障害がある人などはこの約束を守れないとされ、差別されました。

ところがイエスは、「医者を必要とするのは、健康な人ではなく病人である。わたしが来たのは、正しい人を招くためではなく、罪人を招いて悔い改めさせるためである」（ルカによる福音書第5章より）＊といって、差別されていた人びとに、進んで救いの手をさしのべました。

＊ 以下、聖書の引用はすべて「新共同訳『聖書』」（日本聖書協会）による。「新共同訳『聖書』」とは、カトリックとプロテスタント（→P26）が協力して訳した聖書のこと。聖書の引用は、ルカによる福音書第5章を（ルカ5）というように表記する。

ベツレヘムの、イエス誕生の地といわれているところには、現在「聖誕教会（降誕教会）」とよばれる教会がつくられている。地下の、イエスが生まれたと伝えられている場所は、写真のようにかざりつけられている。

イエスがおこした数かずの奇跡

『新約聖書』には、イエスがおこなったといわれている奇跡がたくさん書かれています。食べ物や飲み物をふやしたり、病気を治したり、死人を生きかえらせたりといった奇跡です。ここで、代表的な話をひとつ紹介しましょう。（[ ]内は編集部註。）

「[ある湖で、イエスは弟子たちを舟に乗せて先にいかせたが]逆風のために弟子たちが漕ぎ悩んでいるのを見て、夜が明けるころ、湖の上を歩いて弟子たちのところに行き、そばを通り過ぎようとされた。弟子たちは、イエスが湖上を歩いておられるのを見て、幽霊だと思い、大声で叫んだ。皆はイエスを見ておびえたのである。しかし、イエスはすぐ彼らと話し始めて、『安心しなさい。わたしだ。恐れることはない』と言われた。イエスが舟に乗り込まれると、風は静まり、弟子たちは心の中で非常に驚いた。」（マルコ6）

また、イエスが処刑された3日後、弟子たちがイエスの墓をおとずれると、生きかえったイエスが彼らの前にあらわれたとも伝えられています。

みなさんのなかには、こうした奇跡を「信じられない！」と思う人もいるかもしれません。けれども、たいせつなことは、信者たちが、イエスの偉大さを多くの人びとに伝えようとして、こうした奇跡を記したことにあるのです。

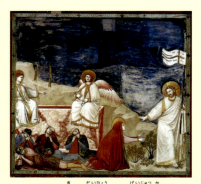

ルネサンス期を代表する芸術家ジョットによる「イエス・キリストの復活」。当時から、キリスト教絵画の重要な題材だった。

律法 神からあたえられた命令や掟のこと。
ハンセン病 らい菌に感染することによっておこる病気のひとつ。日本でも差別があった。

世界中の人に愛されるイエスの教え

「律法のなかでどの掟がいちばん重要か」ときかれたイエスは、つぎのように答えています。

＊［　］内は編集部註。

- 「『心を尽くし、精神を尽くし、思いを尽くして、あなたの神である主を愛しなさい。』これが最も重要な第一の掟である。第二も、これと同じように重要である。『隣人［他人］を自分のように愛しなさい。』」（マタイ22）

- 「あなたがたのだれが、パンを欲しがる自分の子供に、石を与えるだろうか。［中略］［人間でさえ］自分の子供には良い物を与えることを知っている。まして、あなたがたの天の父［神］は、求める者に良い物をくださるにちがいない。だから、人にしてもらいたいと思うことは何でも、あなたがたも人にしなさい。」（マタイ7）

また、つぎの言葉にも、イエスの教えがよくあらわれています。

「心の貧しい人々は、幸いである、
天［神］の国はその人たちのものである。
悲しむ人々は、幸いである、
その人たちは慰められる。
柔和［謙虚］な人々は、幸いである、
その人たちは地を受け継ぐ。
義［正義］に飢え乾く人々は、幸いである、
その人たちは満たされる。
憐れみ深い人々は、幸いである、
その人たちは憐れみを受ける。
心の清い人々は、幸いである、
その人たちは神を見る。
平和を実現する人々は、幸いである、
その人たちは神の子と呼ばれる。
義［正義］のために迫害される人々は、幸いである、
天［神］の国はその人たちのものである。」（マタイ5）

とってもやさしい教えだと思いませんか？

スペインのバルセロナにあるサグラダ・ファミリア大聖堂。建設工事は1882年にはじまったが、現在もまだ建設途上。2026年の完成を目指している。

イエスの教えは世界中に広まっていき、世界各地に多くの教会がつくられた。写真は、フランスの首都パリにあるノートルダム寺院。「ノートルダム」とは、フランス語で「われらの貴婦人」という意味で、貴婦人とは聖母マリアをさす。

ユダヤ教から引きついだもの

『聖書』には、世界のはじまり、神が人間とかわした約束などについて書かれています。
『聖書』で語られている世界を見てみましょう。

世界は神さまがつくった

イエスは、ユダヤ教徒として育てられたため、ユダヤ教の考え方がキリスト教にも引きつがれています（→P6）。

世界がどうやってできたのかについても、ユダヤ教とキリスト教では共通する考え方があります。

■**天地創造と人間の追放**（「旧約聖書」創世記より）

この世界は、神によって7日間でつくられました。神は、第1日目に天地をつくり、光と闇を分けて昼と夜をつくりました。2日目には空を、3日目に陸と海をつくり、地に草と木を植えました。4日目には太陽と月と星、5日目に水中の生物と、空を飛ぶ鳥をつくりました。そして6日目に地に住む動物たちをつくり、また自分に似せて人間の男と女（アダムとエバ）をつくりました。そして、7日目は休みの日としました。

つくられた大地は、豊かな自然にめぐまれ楽園となります。真ん中には「善悪の知恵の木」がはえています。

神は、アダムとエバに「この木の実を食べてはいけない」といいます。しかし、エバが蛇にそそのかされて実を食べ、アダムにも食べさせてしまいます。そのとたん、ふたりは、善悪の区別や知恵を身につけ、また、はだかでいることを恥ずかしく思いはじめるのです。

神は、ふたりが約束をやぶったことを知ると、この楽園（エデンの園）から追放し、苦難の道を歩むことをふたりに命じました。

こうした「天地創造」の話には、世界も人間も、人間の道徳も、すべて神が意思をもってつくったものであり、神は、おそれ、うやまうべき存在であるということが語られているのです。

PART 1　キリスト教を知ろう

■モーゼの「十戒」（「旧約聖書」出エジプト記より）

ユダヤ人は、神からあたえられた「カナンの地」に住んでいましたが、あるとき、飢饉がつづき、エジプトへのがれました。

エジプトにユダヤ人の数がふえてくると、エジプト人は、ユダヤ人をとらえて奴隷にしました。

これを見ていた神は、ユダヤ人の指導者として「モーゼ（モーセ）」という人物を選び、ユダヤ人全員でエジプトから脱出し、カナンの地へもどるように命じます。

モーゼは神からさずけられた力により、さまざまな苦難を乗りこえ、人びととともにカナンの地へもどりますが、途中のシナイ山で、神から次のような「十戒」をさずかります。これは人間がやぶってはいけない、神との約束です。

十戒

1. 神はたったひとつであり、ほかのものを神としてはいけない。
2. 偶像をつくっておがんではいけない。
3. 神の名前を軽がるしく、となえてはいけない。
4. 7日目を聖なる安息日として、働いてはいけない。
5. 自分の両親をうやまえ。
6. 人を殺してはいけない。
7. 不道徳な男女の関係をむすんではいけない。
8. 盗んではいけない。
9. ほかの人についてうその証言をしてはいけない。
10. ほかの人のものをほしがってはいけない。

■最後の審判

ユダヤ教とキリスト教の言い伝えによると、人間は死んだあとも、身はほろびることなく地底でねむりつづけます。そして「世界の終わりの日」がやってくると、ねむりからさめて、一人ひとり神の前に出されて、天国にいくか地獄へいくかの裁判にかけられます（最後の審判）。

生きているあいだによいことをたくさんおこなって、悪いことをしなかった人は、天国にいくことができるのです。

ヴァチカン市国のシスティーナ礼拝堂の壁にえがかれている、ミケランジェロ作の「最後の審判」。ローマ法王の依頼により、1536年から5年間かけてえがかれた。中心の手をあげているのがキリストで、そのすぐ左にいるのが聖母マリア。

これらの話を通して語られる世界観や道徳は、キリスト教を信じる人びとの心にしみこみ、人びとは、死んでも天国にいけるように願いをこめて、教会で祈りをささげるのです。

カナンの地　現在の、レバノンの南からイスラエルの一帯を、ばく然とさす古いよび名。

キリスト教、ユダヤ教、イスラム教

キリスト教とユダヤ教、イスラム教は、共通点の多い宗教です。
それはなぜでしょうか？
また、どんな点がおなじで、どんな点がちがうのでしょうか？

ユダヤ人たちの言葉ヘブライ語で書かれた、ユダヤ教の『聖書（律法）』の写本で、「死海写本」とよばれる。紀元前1世紀のもので、現在のこっているヘブライ語の聖書としてはもっとも古い。イスラエルの死海写本館（写真下）に保存されている。

おなじ神、おなじ聖書

キリスト教は、ユダヤ教を背景にして生まれた宗教ですから、キリスト教でいう神とユダヤ教でいう神とは、おなじ神をさしています。

宗教の教えが書かれた本は「経典」や「聖典」といいます*。ユダヤ教の経典は『聖書（律法）』ですが、キリスト教では『旧約聖書』（ユダヤ教の『聖書（律法）』とおなじ）と『新約聖書』のふたつがあります。

＊このシリーズでは「経典」に統一する。

つまり、キリスト教では、救世主イエスがつかわされたことによって、人間は神と新しい「約束」をかわしたと考えます。したがって、イエスの言葉をまとめたものを、それ以前からあったユダヤ教徒たちの『聖書（律法）』に対して『新約聖書』とよび、『旧約』『新約』の両方を認めているのです。一方、ユダヤ教では『新約聖書』は経典として認めていません。

PART 1 キリスト教を知ろう

兄弟のような関係？

イスラム教では、神は「アッラー」とよばれています。イスラム教の経典『コーラン』には、つぎのように書かれています。

「（ユダヤ教徒やキリスト教徒に）言ってやるがよい、お前たち、アッラーのことで我々と言い争いをしようというのか。アッラーは我々の神様でもあれば、お前たちの神様でもあるものを。」
（神が預言者ムハンマドにいったという言葉、井筒俊彦訳『コーラン』岩波文庫、第2章より）

また、イスラム教は、ユダヤ教とキリスト教の影響を強く受けて7世紀ごろにできた宗教で、経典『コーラン』のほか、『旧約聖書』も『新約聖書』も認めています。ただし、それらのなかで『コーラン』が、もっとも重要なものとして位置づけられています。このように、ユダヤ教、キリスト教とイスラム教は、経典がおなじことからも、兄弟の宗教ということができるのです。

キリスト教の『聖書』（右上は表紙）。これはとくに豪華につくられたもので、『旧約聖書』と『新約聖書』の両方の内容がのっている。

ユダヤ教の経典『律法』。『トーラー』ともよばれ、巻物になっている。ユダヤ教の礼拝所で、毎週の礼拝のときに少しずつ読まれていき、1年間で読みおえられる。

イスラム教の経典『コーラン』。アラビア語、アラビア文字で書かれている。

■各宗教の「教典」
- **ユダヤ教** 『聖書（律法）』
  （キリスト教徒は『旧約聖書』とよんでいる）
- **キリスト教** 『旧約聖書』『新約聖書』
- **イスラム教** 『コーラン』『旧約聖書』『新約聖書』（『コーラン』が最重要）

それぞれの宗教でだいじにされている経典があるのです。

イスラム教 アラビア半島で生まれた、唯一の神アッラーを信じて、すべてをゆだねる宗教。

ユダヤ教とイスラエル①

キリスト教と関係の深いユダヤ教とは、どのような宗教なのでしょうか？
その歴史についても見てみましょう。

この壁は、昔、エルサレムにユダヤ人の王国があった時代にたてられた神殿の跡で、「嘆きの壁」とよばれている。ユダヤ人たちは苦難の歴史を思いながらこの壁に向かって祈る。写真は、ユダヤ教徒の女性たちが祈っているようす。

「神に選ばれた民」、ユダヤ人

　ユダヤ教は、この世界をつくった全智全能の神ヤハウェを信じ、また、この神がユダヤの民を選んで救ってくれると信じる宗教です。そして、ユダヤ教を信じる人びとは「ユダヤ人」ともよばれます。ふつう、○○人＝○○教徒ではありませんが、ユダヤ人の場合だけは、ユダヤ人＝ユダヤ教徒と考えられています。

　ユダヤ教徒たちの『聖書（律法）』には、世界のはじまりやアダムとエバの話（→P10）のほか、ユダヤ人の歴史などが書かれています。

　たとえば、神はユダヤ人の祖先アブラハムに対して「カナンの地（→P11）をあたえる」と約束します。そのためにユダヤ人たちは、そこを自分たちのものだと考えました。実際に、ユダヤ人は、現在エルサレムがある地に神殿をつくり、王国をたてて繁栄しました。

　ところが、ユダヤ人がつくったこの王国は、紀元70年にローマ帝国にほろぼされてしまいます。ユダヤ人たちはカナンの地（パレスチナ）から追いだされ、世界中にちりぢりになっていったのです。そして、その後ユダヤ人は、「国をもたない民族」となってしまいました。

長い苦難の歴史

> イエスは隣人を愛せといったのに…。

　『新約聖書』の「マタイによる福音書」のなかには、キリストを十字架にかけて殺すことをためらったローマ帝国の役人に対して、ユダヤ人たちが「十字架につけろ!」とさけびつづけ、「その血の責任は、我々と[われわれの]子孫にある」とさけんだと書かれています（マタイ27）。つまり、「自分たちの子孫がこまることになってもいいから、イエスを十字架にかけろ!」と、ユダヤ人たちはいったということになります。

　中世のヨーロッパでは、このことを問題にして、ユダヤ教徒たちに対する差別がはじまりました。

　ユダヤ人は、どこにいてもイエスを殺した民族の子孫であると見なされ、差別を受けたのです。そのため、ユダヤ人は、自由に職業を選ぶことができず、人のいやがる仕事ばかりやらざるを得ませんでした。

　当時のキリスト教の世界では、人にお金を貸して利子を取って収入にするということは、とてもいやしいことだと考えられていましたが、その金融業（金貸し）につくユダヤ人もたくさんいました。ところが、仕事で成功して大金持ちになったユダヤ人は、金持ちになったことで、ねたまれ、さらに差別されてしまったのです。

ユダヤ教徒の男性は、黒いぼうしと服で正装する。

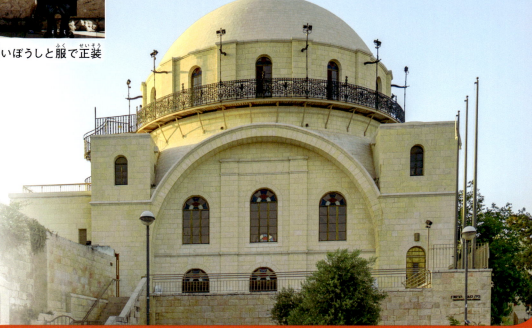

写真はイスラエルにあるユダヤ教の会堂。「シナゴーグ」とよばれ、お祈りや集会をおこなう場所である。

ユダヤ教とイスラエル②

ユダヤ人たちは、第二次世界大戦後、自分たちの国をもちました。それがイスラエルという国です。

迫害とシオニズム運動

差別と迫害にさらされたユダヤ人たちの結束は、ますます強まりました。そして、自分たちの信仰を守り、必死に神に祈りながら生活していました。ところが、ユダヤ人たちの結束の強さが、かえってわざわいをよびました。まわりのキリスト教徒たちに「陰謀をくわだてているのではないか」と疑われたのです。

19世紀後半から20世紀のはじめにかけて、ユダヤ人が虐殺される事件があいついで発生。これがのちに、第二次世界大戦中の大虐殺へとつながっていきました。

迫害に対してユダヤ人たちは、「自分たちの国をつくらないかぎり、生きていくことはできない」と考えるようになり、昔、王国をたてて繁栄していた「シオン(エルサレムのこと)にもどろう」という運動、「シオニズム運動」がおこりました。そして、19世紀後半から少しずつ、パレスチナにうつりすむユダヤ人があらわれるようになりました。

そして第二次世界大戦後、ナチス・ドイツによるユダヤ人の大量虐殺の事実が明らかになってくると、たくさんの国がユダヤ人に対して同情し、ユダヤ人が新しい国をつくることを応援するようになりました。

こうしたなか、**国際連合**(国連)は、1947年11月、パレスチナを、アラブ人が住む国とユダヤ人たちが住む国のふたつの国に分ける案(パレスチナ分割案)をつくりました。また、**ユダヤ教、キリスト教、イスラム教の聖地**があるエルサレムについては、「国際管理地区」として、国連が管理するという提案をしました。

翌年5月14日、ユダヤ人たちは、この分割案を受けいれ、ユダヤ人の土地と定められたところに「イスラエル」という国を建国しました。

ところが、イスラエル建国当時、パレスチナには多くのアラブ人のイスラム教徒(パレスチナ人とよばれる)が住んでいました。そのためにパレスチナの土地をめぐり「パレスチナ問題」がおこったのです。

ナチス・ドイツは、ユダヤ人たちを強制収容所に送り、ガス室などで殺害した。写真は収容所の死体焼却炉だったところ。

国際連合 第二次世界大戦後の1945年10月、戦後の平和を維持し、経済や社会、文化などに関するさまざまな問題を、各国で協力して解決するために設立された国際機関。

ユダヤ教、キリスト教、イスラム教の聖地 嘆きの壁(ユダヤ教)、イエス・キリストが十字架にかけられたゴルゴタの丘の聖墳墓教会(キリスト教)、ムハンマドが天にのぼったとされる岩を守るドーム(イスラム教)、の3つ。

現在もつづくパレスチナ問題

ユダヤ人がイスラエル建国を宣言したつぎの日には、それに反対するアラブ諸国がイスラエルにせめこみ、第一次中東戦争がはじまりました。その結果、パレスチナはイスラエルとアラブ諸国のあいだで分割されることになり、パレスチナ人の多くが難民となってアラブ諸国にのがれました。

その後3回にわたってくりかえされた中東戦争の結果、1967年、パレスチナ全体をイスラエルが占領しました。これに対して、パレスチナ難民は、自分たちの領土を取りもどし自分たちの国家をつくろうと、PLO（パレスチナ解放機構）を結成。イスラエルとの争いをくりかえしつつも、和平に向けた話し合いを進めていますが、いまだに解決の見通しはたっていません。

手前はユダヤ教徒の聖地、嘆きの壁。奥の金の屋根はイスラム教徒の聖地、岩のドーム。この近くにはキリスト教の聖地、聖墳墓教会もある。

【ユダヤ人の主張】
ユダヤ教の経典（旧約聖書）には、ユダヤ人が神からパレスチナの土地をあたえるという約束をもらったと書いてある。だからこの土地の権利は最初に神からもらったわれわれのものだ。

【パレスチナ人の主張】
聖書に何と書かれていようと関係ない。われわれは何百年もここでくらしてきた。ユダヤ人の問題のために、どうしてわれわれパレスチナ人が、追いださねたりしなければならないのか？

アラブ諸国 アラビア語を公用語にしている、エジプト、サウジアラビア、イラクなどの国ぐに。

クリスマスは何のお祝い?

クリスマスはキリスト教のお祭りですが、
日本でも家族や友だちとクリスマスを祝っています。
もともとクリスマスは何を祝う日なのでしょうか?

イエスの生まれた日?

クリスマスはイエスの誕生日だと、一般には信じられています。ところが、『新約聖書』にはイエスが生まれた日がいつなのか書かれていません。4世紀のなかごろになって、カトリック教会が、ヨーロッパに古くからあった、春をよび豊作を祝う祭りとむすびつけて、12月25日をイエスの誕生を記念する祝日と定めたのです。

ただし、おなじキリスト教でも東方正教会(→P30)は、1月6日をイエスの誕生日としています。

■もみの木のクリスマスツリーはドイツから

ドイツでは、古くから冬至や新年に、生命力の象徴である常緑樹の枝を窓や天井にかざる風習がありました。また、木にかざり物をつけて、豊作の願いや悪魔ばらいをしてきました。

クリスマスツリーは、こうしたドイツの古くからの習慣とむすびついて、17世紀なかごろからドイツの宮廷でかざられるようになり、19世紀には裕福な家庭から一般家庭へ広まり、やがて世界へと広まっていったと考えられています。

写真は、ニュルンベルク(ドイツ)のクリスマス市のようす。クリスマス前になると、町の広場でおこなわれ、パン屋やお菓子屋やクリスマス用品を売る店がたくさんならぶ。大きな町では、観覧車やメリーゴーランドなどの移動遊園地もやってくる。

PART 1　キリスト教を知ろう

写真で見る世界各地のクリスマス

ロシアのサンタクロース、マロースじいさんと孫の雪娘。

南半球にあるオーストラリアでは、12月は夏なので、サンタクロースも夏にやってくる。

写真：遠藤紀勝／アフロ

韓国では人口の約30％がキリスト教徒で、クリスマスも盛大に祝われる。

サンタクロースはフィンランドなど北ヨーロッパからやってくるといわれる（写真はフィンランド）。

■日本のクリスマス

明治8年（1875年）、東京の銀座にあった女学校で祝われたのが、日本の最初のクリスマスだといわれています。明治10年代にクリスマス用品が輸入されて売りだされましたが、このころから大正時代にかけて、一般家庭でもクリスマスが祝われるようになっていきました。

東京都中央区銀座の大きなクリスマスツリー。

サンタクロースってだれ？

サンタクロースがだれかというのは、世界中でいろいろな説があります。そのひとつは、4世紀のキリスト教の司教であった聖ニコラウスだという説です。そして「聖ニコラウス」をあらわすオランダ語のSint KlaesまたはSinterklaasが、「サンタクロース（正しくはクローズ）」となったと考えられているのです。

また、サンタクロースが煙突から入って、靴下にプレゼントを入れていってくれるという言い伝えは、慈悲深いニコラウスが、貧しい3人の娘の家の暖炉に、幸せな結婚ができるようにこっそり金貨を投げいれたという話から生まれたといわれています。

司教　カトリックの神父のなかでも、その地域の神父のトップをつとめる役職の人。

キリスト教の代表的な儀式

現在でも世界中の教会で、「最後の晩餐」を起源とする儀式がおこなわれています。

ミサのようす。神父が手にもっているのが「聖体」で、信者にさずけているところ。

ミサ

キリスト教の教会では、人びとが集まって感謝の祈り、イエスの死と復活を思う祈りなどをささげる儀式がおこなわれています。カトリックでは、この儀式を「ミサ」とよんでいます。人びとは決まった形式で、決められた順序にしたがって、祈り、聖歌をうたいます。

これらの儀式でもっとも重要なのは「聖体拝領」です。これは、イエスが処刑される前日に弟子を集めておこなった「最後の晩餐」（最後の夕食のこと）になぞらえた儀式です。

「最後の晩餐」は、レオナルド・ダ・ヴィンチの絵でも有名です。この絵には、イエスが弟子たちと食事をしながら、自分の身を金で売る**裏切り者**がいることを語ったところがえがかれています。

イエスは、裏切り者がその場をはなれると、「食べなさい、これはわたしのからだである」といって、パンを手にとり弟子たちに分けあたえ、「みんなここから飲みなさい、これはわたしの血である。この儀式を私の記念としておこないなさい」と、ぶどう酒を盃にいっぱい注いだとされています。

その後、この言葉にしたがって、教会で小さなパンのようなもの（「**聖体**」）を食べ、ぶどう酒などを飲む儀式がおこなわれるようになりました。

レオナルド・ダ・ヴィンチの「最後の晩餐」。中央がイエスで、左から4番目の、後ろにのけぞっている人物が、裏切り者のユダ。

ミサ 東方正教会では「リトルギー」とよぶ。宗派によって、儀式の方法や内容なども異なる。
裏切り者 イエスの12人の弟子のひとり、ユダ。最後の晩餐の後、イエスは3人の弟子とゲツセマネの園にいったが、そこへユダがやってきてイエスに口づけをした。これはユダヤ教徒たちへの「これがイエスだ」という合図で、イエスはユダヤ教徒たちにつかまった。
聖体 宗派によってよび名も材料も異なる。たとえばカトリックでは、ウェハースのようなすいものを使用し、「ホスチア」とよんでいる。

PART 1 キリスト教を知ろう

家族が幼児に洗礼を受けさせているようす（写真はコートジボワール）。

洗礼式

キリスト教の、もうひとつの代表的な儀式として「洗礼式」があります。正式にキリスト教徒になりたい人は、教会で神父または牧師にこの儀式をしてもらいます。信者が水に全身をひたしたり、手で信者の頭に水滴をつけたりといった方法がありますが、方法は宗派によって異なっています。

洗礼式は多くの場合、日曜日のミサ（プロテスタントでは礼拝）のときにおこなわれます。キリスト教徒の両親が、子どもに洗礼を受けさせることも多く、これを「幼児洗礼」といいます。洗礼式のさいには「洗礼名」といって、キリスト教徒としての名前があたえられます。

ヨルダン川には、イエスが洗礼を受けたとされるエピソードにもとづき、同様に洗礼を受けようとする人が多くおとずれる。

牧師 教会でイエスの教えを人びとに伝える役目をする人のことを、カトリックでは「神父」とよび、プロテスタント（→P26）では「牧師」とよぶ。

洗礼名 たとえば、日本人では「ヨセフ・田中太郎」など、名字の前につける。また、ヨーロッパでは多くの場合、洗礼名が名前（ファーストネーム。日本人でいう姓名の名）になっている。

PART2 キリスト教をめぐる争いと歴史

ローマ帝国とキリスト教

キリストの教えは、身分の低い人びとや奴隷たちのあいだに広まっていきました。やがて当時の支配層が無視していられないほどになりました。

出典：「総合 新世界史図説」帝国書院より作成

弟子の活躍

パウロはもともとユダヤ教徒でしたが、復活したイエス・キリストと出会い、回心したといわれています。

イエスの死後、**ペテロ**という弟子を中心に信者が集まって「教会」をつくり、そこにパウロがくわわって、キリスト教を広める（布教する）活動をおこないました。

パウロは、エルサレムから当時のローマ帝国の各地をまわり、さらに、海をわたってはるかローマ（現在のイタリアの首都）までいくなど、積極的に布教につとめました。彼らの努力によって、600年までには、上の地図であらわした範囲にまで、キリスト教が広まったといわれています。

ペテロ カトリックでは、ペテロを初代の法王（教皇→P3）とみなしている。歴代のローマ法王はペテロやパウロの後継者を名のることが多い。

PART 2 キリスト教をめぐる争いと歴史

迫害から国教へ

ローマ帝国の歴代の皇帝たちは、自分のことを神として崇拝するように、人びとに命令しましたが、キリスト教徒はそれを認めませんでした。そこで、ネロ帝（在位紀元54～68年）以来の皇帝たちはみなキリスト教徒を迫害し、ペテロやパウロをはじめ多くのキリスト教徒を殺害しました。

そうした迫害にもかかわらず、神の前での平等を説くキリスト教を信じる人がふえつづけました。身分の低い人や奴隷などから、しだいに上流階級の人びとにも伝わっていったのです。

そのようすを見た皇帝**コンスタンティヌス1世**（在位306～337年）は、キリスト教徒を迫害していては、帝国を統一することはむずかしいと判断するようになりました。そして、313年、キリスト教を認める（公認する）という「ミラノ**勅令**」を発表したのです。その後392年には、皇帝テオドシウス1世がキリスト教を国教（国の定める宗教）にすることを認めました。

こうして、キリスト教は一気にヨーロッパに広まっていきました。イエスが十字架にかけられてから300年以上がたったころのことです。

帝国の分裂とともに教会も分裂

実は、テオドシウス帝がキリスト教を国教にしたのは、こわれそうになっていた帝国をまとめるのに宗教を利用しようとしたからでした。そのころ帝国は、政治の乱れなどにより、まさにくずれさろうとしていたのです。

ところが、この策でも帝国の解体をふせぐことはできませんでした。テオドシウス帝は、395年、やむなく帝国を東ローマ（ビザンツ）帝国と西ローマ帝国に分けることにしました。

すると、東と西の帝国で、キリスト教に関しても少しずつ考え方がちがっていき、1054年には、キリスト教自体も、ふたつに分かれました。西がカトリック教会、東が「東方正教会（→P30）」になり、それ以降、それぞれが独自に発展していったのです。

写真：Abaca／アフロ

2016年2月、キリスト教会の東西分裂後はじめて、ロシア正教会のトップ（キリル総主教、写真左）とカトリック教会のトップ（フランシスコ法王、写真右）が会談した。

コンスタンティヌス1世 副帝として306年～310年在位し、310年以降、正帝として在位した。
勅令 皇帝の言葉、命令のこと。

イスラム教との出あいと十字軍の派遣

11世紀ごろになると、急成長をとげる
イスラム教の勢力とキリスト教の勢力が対立しはじめました。
そこで登場したのが「十字軍」でした。

おなじ神を信じる者どうしの対立

キリスト教とイスラム教はおなじ神を信じる兄弟のような宗教であり、どちらの信者も、もともとはおたがいの宗教を尊重していました。

ところが、のちに仲が悪くなる歴史的な大事件がおきました。それが11世紀におこった、キリスト教徒による「聖地回復運動（十字軍の派遣）」です。

きっかけは、1071年、イスラム教勢力によってエルサレムが占領されたことでした。エルサレムは、キリスト教徒にとってもイスラム教徒にとっても聖地です。これに対して、当時西ローマ帝国の最高位にあったローマ法王ウルバヌス2世は、聖地を取りもどそうとよびかけ、軍隊を派遣したのです。

この軍隊は、兵隊たちの胸に赤い十字がえがかれていたので、「十字軍」とよばれました。

十字軍は、1096年に第1回十字軍が派遣されてから、その後の200年間に、大規模なものだけでも7回派遣されました。

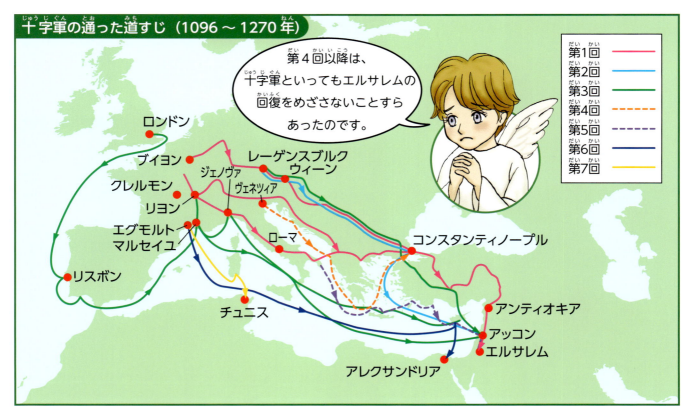

十字軍の通った道すじ（1096～1270年）

第4回以降は、十字軍といってもエルサレムの回復をめざさないことすらあったのです。

出典:「詳説　世界史」山川出版社より作成

PART 2 キリスト教をめぐる争いと歴史

シリアにあるクラック・デ・シュバリエ城跡。11世紀はじめに、当時ここを支配していたイスラム教国の王がとりでをきずいた。それを11世紀末に十字軍が占領し、城に改築した。

くりかえされた十字軍派遣

十字軍にせめられたイスラム教徒たちは、自分たちの信仰を守るために反撃しました。その結果、キリスト教徒側にも、イスラム教徒側にも、多くの犠牲者がでました。十字軍がエルサレムで住民の大虐殺をおこなったこともありました。キリスト教徒やイスラム教徒だけでなく、たくさんのユダヤ教徒たちも巻きぞえになりました。

こうして何回もくりかえされた十字軍の遠征でしたが、たくさんの犠牲をだしながらも、聖地をうばいかえすことはできませんでした。

なぜ、キリスト教徒は何回も十字軍の派遣をくりかえしたのでしょうか？

当時、キリスト教は、宗派で分裂状態にあったため、ローマ法王は、キリスト教を統一しようと考えていました。そこで、ローマ法王は、イスラム教勢力にせめこまれていた東ローマ（ビザンツ）皇帝を助けて、自分の力を見せつけようとしたのです。

つまり、十字軍は、聖地を取りかえすという目的だけではなく、ほかにもさまざまな理由からおこなわれたということです。そのため、十字軍は何度も派遣されたのです。

一方、十字軍に参加した者のなかには、金目のものをうばうのが目的の人もいました。

イスラエルにあるニムロッド要塞跡。十字軍時代につくられたものとしては、最大級。

左の要塞は十字軍の侵入をはばむためにつくられたものだよ。

教会から聖書へ

教会が権力をにぎると、
イエスの教えとはちがったことがおこなわれるようになりました。
これに反対する人びとが、新しい宗派をつくりました。

ローマ法王がすんでいるヴァチカン市国のサン・ピエトロ大聖堂。イタリア・ルネサンス時代の代表的な建築で世界最大の聖堂。免罪符を売って集めたお金も建築の資金源となった。

「免罪符」を買えば、罪が許される!?

ヨーロッパでキリスト教が広まると、ローマ法王や神父などの聖職者は、どんどん権力をもつようになっていきました。なかには、信者をだまして金もうけをするなど、悪いことをする聖職者もでてきて、キリスト教会は内部から腐敗が進んでいました。

たとえば、16世紀の法王レオ10世は、芸術家を集めて豪華な教会をたてるために「免罪符」をドイツで売りだし、資金を集めようとしました。「これを買えば、罪が許され、死後天国にいける」などといったのです。すると、ドイツのキリスト教神学者のマルティン・ルターは、これはイエスの説いた教えとかけはなれているとして、免罪符の発売に抗議しました。

聖書にたちかえる

同時にルターは、ラテン語で書かれていた聖書をドイツ語に翻訳して、一般の人びとも聖書を読めるようにしました。すると、キリスト教の真の教えに気づく人びとがどんどんふえていきました。そして、免罪符のごまかしに気づき、ルターを支持する人もふえました。

こうして、ドイツで、ローマ法王の権威と聖職者の特権を否定し、カトリックを支持する皇帝に対して抗議（プロテスト）する運動がはじまりました。これは、キリスト教の「宗教改革」とよばれ、参加した人びとのことは、「プロテスタント」（抗議する人）とよばれています。

ルターのはじめた運動を、スイスのカルヴァンがさらにおしすすめました。カルヴァンの進めた改革でとくに大きいのは、「蓄財」（財産をためること）を認めたことでした。

カトリックでは、個人が必要以上にお金をためることは、いやしいことだとされていましたが、カルヴァンは、「一生懸命働いた結果に得たお金をたくわえることは、罪ではなく、信仰上正しいことである」といいました。その結果、この新しい考えが、商工業者にも受けいれられ、ヨーロッパの各地に広まっていきました。イギリスでは、カルヴァン派プロテスタントは「ピューリタン」（清教徒）とよばれました（→P29）。

プロテスタントの誕生により、キリスト教は「カトリック教会」と「東方正教会」、そして「プロテスタント教会」と、大きく3つに分かれました。

PART 2　キリスト教をめぐる争いと歴史

写真：TopFoto／アフロ

15世紀、ドイツでグーテンベルクという人が「活版印刷術」を発明した。この技術によって、それ以前よりも早く、たくさん印刷できるようになった。活版印刷が発明されて最初に出版された本は、『グーテンベルク聖書』（写真）とよばれるラテン語の聖書だったが、その後、ルターがドイツ語に翻訳した聖書もこの技術で印刷されたので、多くの人が聖書を読めるようになった。印刷技術の発展が、宗教改革に大きな影響をおよぼしたのである。

ルターの肖像（左）と、ルターの部屋（上）。

イギリス国教会とピューリタン革命

16世紀ごろ、イギリスでも宗教改革がおこりました。
しかしそれは、ドイツではじまった宗教改革とはまったくちがったものでした。

離婚のために教会をつくった!?

イギリスでおきた宗教改革は、ドイツ、スイスからヨーロッパ各地に広まった宗教改革とは、事情が異なっていました。

なぜなら、当時の国王ヘンリー8世(在位1509～1547年)が、王妃と離婚し、別の女性と結婚したかったという特殊な事情からはじまったからです。

カトリック教会では、**結婚は神の前でちかう神聖なもの**で、取りけすことはできません。ところが、ヘンリー8世は、どうしても別の女性と結婚したくなったため、カトリックをやめ、自分が主権をにぎる教会をつくったのでした。これが「イギリス国教会」のはじまりです(1534年)。

その後、エリザベス1世(在位1558～1603年)は、国家統一のためとして、イギリス国教会に反対していたカトリック教徒をおさえ、イギリス国教会を強化しました。

ヘンリー8世

イギリス国教会のカンタベリー大聖堂。イギリス南部のカンタベリーにある。イギリスでは現在、イギリス国教の信者が人口の約42％をしめている(イギリス外務省資料)。

結婚は神の前でちかう神聖なもの 現在でもカトリック教会では原則として離婚を認めていない。

PART 2 キリスト教をめぐる争いと歴史

ピューリタンたちの怒り

エリザベス1世のつぎにイギリスの国王となったジェームズ1世（在位1603〜1625年）も、イギリス国教を人びとに強要しました。しかも「国王の権力（王権）は神からさずけられたものであり、国民が王権に制限をくわえたり、さからったりしてはいけない」という「王権神授説」をとなえて、好きかってな政治をおこなったのです。

当時のイギリスの社会は、貴族と商工業者と農民に分かれていました。そのなかで、議会でもっとも力をもっていたのは商工業者でした。

彼らの多くは、ピューリタン（→P27）で、国王がイギリス国教を強要することに強く反対し、また、国王の横暴ぶりに対しても、とてもおこっていました。

ジェームズ1世から息子のチャールズ1世（在位1625〜1649年）に国王がかわっても、政治はよくならず、国王側と議会（ピューリタン）側がますます対立していきました。

1642年、国王は、武力で議会をおさえようとしたため、とうとう内乱がはじまりました。このとき、ピューリタン側に、軍人であり政治家のクロムウェルがあらわれ、強いリーダーシップで人びとの代表となり、国王を裁判にかけました。その結果、チャールズ1世は死刑にされたのです。この事件は「ピューリタン革命」とよばれています。

ところがその後、クロムウェルは独裁者となり、悪政をおこなうようになりました。彼の死後、息子のリチャードが跡をつぎましたが、リチャードの死後は王権が復活しました。

王権が復活すると、ピューリタンたちは弾圧、迫害されたため、多くが新天地を求めてアメリカにわたりました。このピューリタンたちが、のちにアメリカ建国に貢献することになるのです。

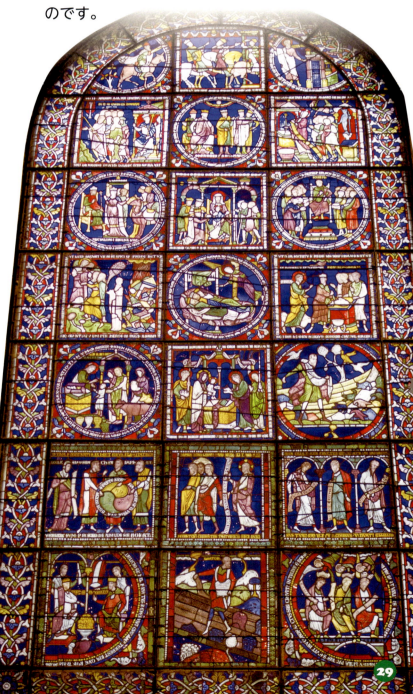

カンタベリー大聖堂は、美しいステンドグラスがたくさんあることでも有名。

「東方」へ広まったキリスト教

東ヨーロッパ諸国やロシアでは、カトリックではなく、
もうひとつの大きな宗派、東方正教会のキリスト教が信仰されています。

東方正教会のその後

キリスト教が東方正教会とカトリック教会に分裂後（→P23）、東ローマ（ビザンツ）帝国は、395年からおよそ1000年ものあいだ、東ヨーロッパをおさめていました。東ローマ（ビザンツ）帝国の皇帝は、コンスタンティノープルの教会を中心に拡大をはかったため、10世紀ごろには、東方正教会はブルガリア、セルビア、ロシアへと広まりました。

6世紀ごろの東ローマ（ビザンツ）帝国の領土

出典：「詳説　世界史」山川出版社より作成

この帝国は、イスラム教勢力であるオスマン帝国によって1453年にたおされますが、その後も、東方正教会はこの地域の人びとのあいだで生きつづけました。

なぜなら、オスマン帝国は、人びとが政治的に服従し、税をおさめさえすれば、それぞれの信仰は自由であると認めていて、また、おなじ経典を認めているユダヤ教とキリスト教に対しては、理解があったためでした。

ロシア正教会のウペンスキー教会。

東ローマ（ビザンツ）帝国　1453年にオスマントルコによってほろぼされる。なお、西ローマ帝国は476年に崩壊。その後、西ヨーロッパでは約400年間、現在のドイツ、フランス、イタリアの基礎がつくられるまで安定しない時代がつづいた。
コンスタンティノープル　現在のトルコの首都イスタンブールのこと。

20世紀に受けた試練と復活

19 世紀、ルーマニアやセルビアなどのバルカン半島の国ぐにがオスマン帝国から独立すると、それまでのオスマン帝国の領土内にあった東方正教会もそれぞれに独立していきました。

1917年、ロシアで革命がおきて、「ソビエト社会主義共和国連邦（ソ連）」という社会主義の国ができました。社会主義は、ポーランドやハンガリーなど、東ヨーロッパの国ぐにも広まりました。社会主義のもとでは、宗教が否定されました。多くの宗教施設が破壊されたり、聖職者や信者が殺されたりしました。

ところが、1991年にソ連が崩壊すると、ソ連だった地域や東ヨーロッパ諸国で、宗教が復活し、東方正教会もしだいに勢力を取りもどしていきました。

現在、東方正教会系のキリスト教徒が多い国ぐにには、左の地図のとおりです。

東方正教会系のキリスト教徒が多い国ぐに

カトリックと東方正教会のちがい

東方正教会とカトリックには、儀式のしかたや聖書の解釈などにこまかいちがいがあります。けれども、いちばん大きなちがいは、ローマ法王についての考え方にあります。

カトリックでは、ペテロとパウロの後継者であるローマ法王を、信者たちの最高指導者としています（→P22）。一方、東方正教会では、ローマ法王が、トップの指導者であるとは認めていません。2016年、約1000年ぶりにローマ法王と、ロシア正教会の総主教がトップ会談をおこない（→P23）、イスラム過激派によるテロなどから、キリスト教徒を保護するよう求める国際宣言に署名しました。

東方正教会の特徴としては、「イコン」とよばれる聖画（絵）が有名です。キリストや聖母マリアなどの、キリスト教の聖人がえがかれた絵が、教会や信者の家の壁にかけられており、信者はこの絵を見ながら神やキリストを思い、祈りをささげます。

写真は小さな板にえがかれたイコン。

東方正教会もそれぞれに独立 現在ではルーマニア正教会、セルビア正教会、ギリシャ正教会というように、東方正教会の内部でこまかく分かれている。

社会主義 土地や工場など生産するための手段を、社会が所有する体制。農民や工場で働く人びとの生活をよくしようと考えて生まれた。

世界中での布教活動

ヨーロッパの国ぐにが、香辛料などを求めて世界中に進出した時代がありました。キリスト教宣教師たちも布教のために、それに同行しました。

大航海時代とキリスト教

15世紀ごろからヨーロッパの国ぐにには、さまざまな資源を求めて世界中に進出しはじめます。十字軍以来、ヨーロッパとアジアの交易が発達し、アジアなどの産物に対する人気が高まっていたためでした。

たとえば、肉の保存や味つけのためにコショウなどの香辛料が重宝され、高値で取りひきされていました。ところが、当時はイスラム教徒やイタリアの商人の手を借りて仕入れていたために、非常に費用がかかっていました。そこで、地中海の東側の「陸の道」を通らずに、船で西の海を渡ってアジアへ向かう、新しい「海の道」の開拓が求められました。

ヨーロッパの国ぐには競うようにして、アジア、アフリカ、アメリカ大陸へとわたっていきました（この時代は「大航海時代」とよばれる）。そのさい、キリスト教の宣教師たちも、キリスト教を広めるために、商人たちとともに船に乗りこんでいったのです。

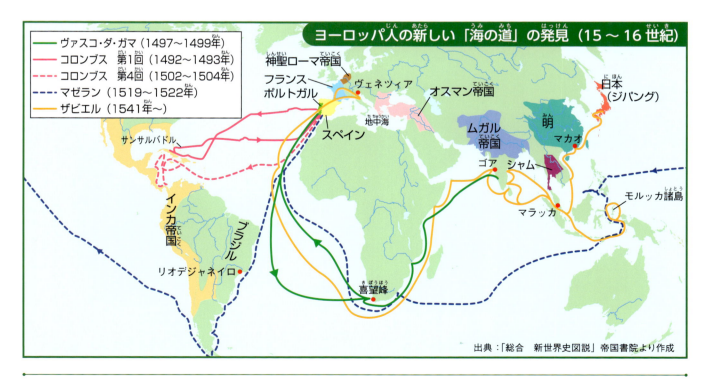

ヨーロッパ人の新しい「海の道」の発見（15～16世紀）

出典：「総合 新世界史図説」帝国書院より作成

宣教師 外国にキリスト教を広める役割をもつ神父のこと。

PART 2 キリスト教をめぐる争いと歴史

カトリックの伝道団 イエズス会

カトリックを各国へ伝えるのにもっとも活躍したのが「イエズス会」でした。イエズス会は16世紀、イグナティウス・ロヨラらによって創立された、ローマ法王にしたがって、カトリックを広める使命にもえる宣教師たちの集まりです。

イエズス会は、ヨーロッパで宗教改革（→P27）がおきたとき、プロテスタントに対抗する「反宗教改革」の中心となっていました。

また、カトリック教会は勢力を広めようと、海外に目を向け、ほかのキリスト教の宗派よりもいち早く、インドや東南アジア、東アジアに多くの宣教師を送りこんだのです。

イグナティウス・ロヨラの肖像。

日本にやってきたフランシスコ・ザビエル

イエズス会宣教師のなかで日本でもよく知られている人物が、フランシスコ・ザビエルです。ポルトガル国王の命を受け1541年にインドへ到着すると、翌年から1548年まで、インド洋沿岸から現在のスリランカ、マレーシアのマラッカ、インドネシアのモルッカ諸島へと、キリスト教を広めるために旅をしました。

ザビエルは旅の途中、マラッカで「**アンジロー**（弥次郎ともいう）」という日本人に出あいます。アンジローは薩摩（現在の鹿児島県）の出身でしたが、誤って人を殺してしまい、つかまる直前にポルトガル船で日本を脱出し、マラッカにきていました。

アンジローは、ザビエルに会って自分の罪を告白して反省し、キリスト教徒になりました。ザビエルは、アンジローの礼儀正しさや勤勉さ、好奇心に感動し、日本へきたのです（1549年）。

その後ザビエルは、1552年に中国に向かいますが、上陸を目前に病気で亡くなりました。

長崎の平戸ザビエル記念教会とフランシスコ・ザビエルの肖像（右上）。

アンジロー アンジローはザビエルに罪を告白したとき、ポルトガル語を少し話せたといわれ、このことから貿易商人であったと推測されている。

アジア各国に伝わったキリスト教

こでは、キリスト教が伝わったいきさつを、国別にいくつか見ていきましょう。

インド

ポルトガルは、インドに進出し、1510年には西海岸の都市ゴアを中心に貿易をはじめます。それと同時にイエズス会（→P33）の宣教師たちが、インドにキリスト教を伝えました。

17世紀に、ポルトガルにかわってイギリスがインドでの貿易をひとりじめするようになると、カトリックにかわって、ピューリタン（プロテスタント）が中心となってキリスト教を広める活動をおこないました。

ところが、キリスト教を広めることがイスラム教やヒンドゥー教などを信じるインド人との争いにつながることをおそれ、イギリスは、一時期、活動を禁止しました。しかし、キリスト教各派は、それぞれの勢力を拡大しようとして、かくれて布教活動をつづけました。

現在インドでは、人口の約2.3％が、キリスト教を信じているといわれています。

16世紀末、ゴアにたてられたボム・ジェズ聖堂。フランシスコ・ザビエルの遺体が置かれている。

インドネシア

16世紀、インドネシアでは、ジャワを中心にイスラム王国ができました。そこへ、香辛料などを求めてポルトガル、スペイン、オランダ、イギリスのヨーロッパの国ぐにが、あいついでやってきました。それとともにポルトガルからイエズス会の宣教師がやってきて、カトリックを伝えたのです。

その後、オランダがこの地域を支配するようになると、プロテスタントを広める活動がはじまりました。その結果、現在、人口の約88％はイスラム教徒ですが、キリスト教については、人口の約6.1％がプロテスタント、約3.2％がカトリックと、プロテスタントが多くなっています。

PART 2 キリスト教をめぐる争いと歴史

フィリピン

フィリピンには、16世紀後半からスペインが進出し、ルソン島のマニラ（現在の首都）を中心にアジア各国と貿易をはじめました。

スペインは、フィリピン諸島の南部をのぞく大部分の人びとを、イエズス会の宣教師たちの力を借りて、カトリックの信者にすることに成功しました。各地に教会がたてられ、教会を中心に町が発展しました。武力ではなく、キリスト教を広めることによってフィリピンを支配することができたのです。

1902年からは、アメリカがフィリピンを支配しますが、アメリカではプロテスタントが大多数をしめていたため、この時代、フィリピンでも支配者側はプロテスタント、支配される側がカトリックという社会ができました。

一方で、アメリカはフィリピンの人びとに対して信教の自由を認めていたこともあって、プロテスタントはあまり広まりませんでした。現在でもフィリピンでは国民の83％がカトリック、10％がプロテスタントなどの宗派です。

ベトナム

ベトナムへは、1533年にスペインの宣教師がカトリックを伝え、17世紀ごろからは、ポルトガルやフランスが、さらにカトリックを広めていきました。

ベトナムは昔から中国の影響を強く受けていて、**儒教**にもとづいた国づくりがおこなわれていました。そのため、キリスト教は国の制度にあわないとして、王朝からキリスト教の禁教令がだされたこともありました。

とくに、19世紀、阮朝の時代には、キリスト教はきびしく弾圧され、ヨーロッパ人宣教師やベトナム人の信者たちは迫害を受けました。これに対して、フランスはベトナムにせめこみ、ベトナムを占領しました（1883年）。つまり、キリスト教が、フランスのベトナム植民地化のきっかけとなったのです。フランスは、**各地に多くの教会を建設**し、カトリックを広めました。

フィリピンの首都マニラにあるカトリックの教会、キアポ教会。16世紀、スペインによって建設された。黒いキリスト像でしられる。

ベトナム南部の都市ホーチミンにある聖母マリア大聖堂は、フランス植民地時代につくられた。

儒教 中国で、孔子の教えを中心に成立した学問。礼儀などの道徳を説くため、宗教ととらえられることもある。
多くの教会を建設 ベトナムでは、仏教徒についでキリスト教徒が多く、現在も全人口の約10％をしめている。

中国

中国では、マテオ・リッチというイエズス会の宣教師が活躍しました。リッチは、1582年、中国に明王朝が栄えていた時代に、太平洋沿岸の都市マカオ（澳門）にいき、そこで中国語を学び、現地風に「利瑪竇」と名のりました。

彼はやがて、中国の内陸の都市にカトリックを広めに入っていきました。彼は、数学や天文学など科学の知識が豊富であったため、中国の人びとの尊敬を集め、熱心な信者を獲得することができました。1601年には北京で万暦帝に会う機会を得て、皇帝から北京に住み、中国全土にキリスト教を布教する許可をもらいます。これ以降、多くのイエズス会宣教師が中国にやってきて活動をおこないました。

イエズス会は、中国の人びとがたいせつにしてきた祖先崇拝や孔子崇拝を認めながら、イエスは「西洋の孔子（→P35）」であるといって布教を進めたため、清朝になっても、宮廷の信頼を得ながら活動をおこなうことができました。

ところが、このイエズス会のやり方に対して、あとから中国にやってきたキリスト教のほかの宗派の宣教師たちが反対し、ローマ法王にうったえたのです。これを受けて、ローマ法王は、イエズス会の布教のしかたはまちがっているという結論をだしました。すると、明にかわって中国をおさめていた清の皇帝、康熙帝（在位1661～1722年）がこれに怒り、中国でのイエズス会以外の布教を禁じました。

つぎの皇帝、雍正帝（在位1722～1735年）は、1724年、キリスト教の布教を全面的に禁止しましたが、その後も一部の人びとはキリスト教を信じつづけました。

けれども、1949年に中国が「中華人民共和国」となり社会主義の国になると、政府は宗教を認めなくなりました（→P31）。中国政府は、いまも、キリスト教をふくむあらゆる宗教集団を、政府に反対する勢力とみなして警戒しています。キリスト教については、政府の指導下にある団体のみを認めており、それ以外の団体が布教活動をすると、法律違反でつかまる可能性があります。

とくにカトリックに対しては、ローマ法王の権威を認めず、国内でカトリックを広めることや、信じることを禁止しています。なぜなら、かつてヨーロッパの国ぐには、カトリックを広めながらアジアの国ぐにを支配していったので、またおなじように中国へ進出してくるかもしれないと警戒しているからだといわれています。

マテオ・リッチ

マカオの聖ポール天主堂跡。イエズス会の宣教師によって設計された教会だったが、1835年に火災にみまわれ、現在では、正面の壁など、建物の一部しかのこっていない。

PART 2 キリスト教をめぐる争いと歴史

朝鮮半島

朝鮮半島には、1392年から1910年まで、「李氏朝鮮」という王朝が栄えていました。また、古くから独自の宗教があり、4世紀には中国から仏教と儒教が伝わっていました。

キリスト教が伝わったのは、1784年、中国をおとずれた朝鮮の使節団のひとり、李承薫が、北京でイエズス会の宣教師に洗礼（→P21）を受けたことにはじまるといわれています。

その後、イエズス会の宣教師たちが北京から朝鮮半島の北部にやってきて、カトリックを広めました。19世紀、キリスト教は大きな勢力となりましたが、当時の政府は儒教（→P35）をたいせつにしており、キリスト教徒は弾圧を受けました。けれども、一部の人びとがキリスト教を守りつづけ、1876年ごろからは、アメリカなどからプロテスタントの宣教師たちが朝鮮にやってきました。

1910年になると、日本が朝鮮半島を占領し、キリスト教も弾圧しました。これに対し、キリスト教徒たちは、抵抗運動をくりひろげました。この苦難をきっかけに、キリスト教と愛国心の結びつきは強くなったといわれています。

1945年、第二次世界大戦が終わり、日本の支配が終わりました。ところが、今度は半島の南半分と北半分を、それぞれアメリカとソ連が管理しはじめ、もともとひとつの国だった朝鮮半島が、ふたつに分けられてしまったのです。1948年にはアメリカの管理地域が大韓民国（韓国）になり、また、ソ連の管理地域が朝鮮民主主義人民共和国（北朝鮮）となりました。そして1950年からは、当時の**アメリカとソ連の対立**にまきこまれ、南北はおなじ民族の国どうしで戦争をしなければならなくなりました（「朝鮮戦争」1950〜1953年）。

こうした長年にわたるきびしい生活のなかで、救いを求める人びとのあいだに、キリスト教が広まっていきました。その結果、現在、**韓国では国民の約30％がキリスト教徒**となっています。

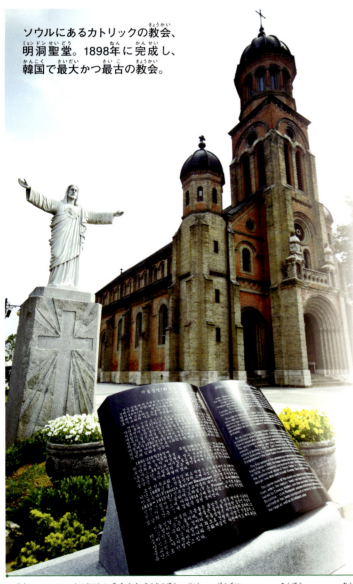

ソウルにあるカトリックの教会、明洞聖堂。1898年に完成し、韓国で最大かつ最古の教会。

ソ連 ソビエト社会主義共和国連邦の略で、現在のロシア連邦。1922年から社会主義のもとに政治をおこなっていたが、1991年に解体した。
アメリカとソ連の対立 第二次世界大戦後、アメリカとソ連は、政治や経済の進め方などに対する意見のちがいから、対立するようになった。この対立は、実際にはアメリカとソ連が戦わなかったので「冷戦」とよばれたが、朝鮮戦争では、数百万人もが犠牲となった。
韓国では国民の約30％がキリスト教徒 韓国の最近の宗教人口は、キリスト教徒30％、仏教徒23％、その他1％（47％が明記せず）。北朝鮮では、伝統的に仏教やキリスト教などが信じられているといわれているが、宗教の自由はなく、正確な統計はとられていない。

日本

ヨーロッパの国で最初に日本にきたのは、ポルトガルでした。その後、1584年にはスペインが、長崎の平戸にやってきました。日本は、このころからヨーロッパの国ぐにとの貿易をはじめたのです。それにともなって、キリスト教も広まりました。

フランシスコ・ザビエル（→P33）は、1549年からの約2年間、九州地方や京都などを訪問して約1000人の信者を得ました。ザビエルの後も数人の宣教師がきて、九州、中国、近畿地方にキリスト教を広める活動をおこないました。

当時、もっとも力をもっていた武将、織田信長（1534～1582年）は、キリスト教やヨーロッパからくる新しい物や知識を歓迎しました。

信長の死後、1590年に日本を統一した豊臣秀吉（1536～1598年）は、はじめはキリスト教の布教を認めていましたが、のちに国をまとめるためにキリスト教がじゃまになると考えるようになり、1587年には「バテレン（宣教師）追放令」をだして、宣教師を国外に追放しました。しかし、外国との貿易は歓迎したため、実際にはキリスト教に対する取りしまりは強くなく、キリスト教は各地に広まっていきました。

鹿児島市には、ザビエルの来日を記念した「ザビエル公園」がある。

豊臣秀吉が病死し、その後1603年に徳川家康（1542～1616年）が天下をとり、江戸時代がはじまります。江戸幕府は、キリスト教が広まるにつれ、これに乗じてスペインやポルトガルが日本を侵略しようとするのではないか、また、信者たちが団結して幕府に対抗する勢力になるのではないかとおそれるようになりました。

そこで、幕府は1612年に「禁教令」をだし、キリスト教信者たちに、キリスト教を信じるのをやめて、仏教などのほかの宗教を信じるように強制し、のちには宣教師や信者を死刑や国外追放にして迫害しました。多くの信者は改宗しましたが、一部の信者は、自分の信仰を命がけで守りました。

幕府は、1633年からオランダと中国以外の外国と貿易をおこなわない「鎖国」政策をとっていましたが、1853年、アメリカのペリーが浦賀（現在の神奈川県横須賀市）に来航し、日本にアメリカやほかの外国との貿易をおこなうようにせまりました。翌年、日本がそれに応じて開国すると、ヨーロッパやアメリカから宣教師たちがたくさんくるようになり、ふたたびキリスト教が広まっていきました。

1890年以後には、日本は軍事を強化して、アジアの国ぐにへ進出していくようになりました。全国民が、天皇を神聖な君主と思うように教育され、キリスト教の信者でも靖国神社にお参りさせられました。

けれども、1945年、第二次世界大戦が終わり信仰の自由の時代がくると、ふたたび外国から多くの宣教師たちがやってきて、キリスト教を広めました。現在、日本には全人口の0.8％、つまり約200万人のキリスト教徒がいるとされています*。

＊ 文化庁「宗教統計調査」（2014年12月13日現在）より。

PART 2 キリスト教をめぐる争いと歴史

ほかの地域に伝わったキリスト教

南アメリカの国ぐに

15世紀、非常に大きな力をもっていたスペインやポルトガルは、ヨーロッパにない新しい物を求めて、アジアだけでなく、南アメリカにも向かいました（→P32）。また、両国とも熱心なカトリックの国だったので、カトリックを世界に広めるという目的もありました。

まず両国は1494年、当時のローマ法王アレクサンデル6世に、この大陸のどこをスペインとポルトガルが占領して、キリスト教を広めるかを決めてもらいました。それをもとに、**南アメリカを両国で分けた**のです。

結果、現在のブラジルをポルトガルが、メキシコ以南のそのほかの地域をスペインが領土にし、先住民たちにキリスト教を広めていきました。その影響で、現在も南アメリカの国ぐにではキリスト教が広く信じられているのです。

ブラジルのリオデジャネイロには、市街を見守る巨大なキリスト像がある。ブラジル独立100周年（1922年）記念でつくられた。1931年完成、台座内部は礼拝堂になっている。

南アメリカを両国で分けた　具体的には、1521年にはメキシコ（アステカ文明）、1533年にはペルー（インカ文明）をスペインがほろぼして占領。ポルトガルは1530年ごろからブラジルを植民地化した。アステカ文明やインカ文明では、太陽を中心とした自然崇拝がおこなわれていた。

アフリカ大陸の国ぐに

アフリカ大陸には、昔から、ナイル川のまわりのエジプト（紀元前3000年ごろ～紀元前332年）や、西部のガーナ王国（8世紀以前～11世紀）など、先住民がたてた国がいくつか栄えていました。彼らは、祖先の霊や自然の神に対する宗教を信じていました。また、7世紀ごろからは、ヨーロッパやアラビア半島からイスラム教徒の商人がやってくるようになり、アフリカの北部や西部にはイスラム教も広まっていました。

一方、ヨーロッパのキリスト教の国ぐにのなかで、いちばん最初にアフリカにやってきたのはポルトガルでした。ポルトガルは、15世紀ごろからアフリカ北部や西部で、陶器や銀細工、鉄砲などを売り、象牙や金や黒人奴隷を買う貿易をおこないました。また、カトリックのキリスト教を広めようとしました。

しかし、本格的にアフリカにキリスト教が広まったのは、19世紀以降のことです。イギリスのリヴィングストンやスタンリーの中央アフリカ探険により、アフリカに石油やダイヤモンドなどの資源がたくさんねむっていることがわかりました。

それからというもの、ヨーロッパの国ぐには競ってアフリカに進出しました。そして、20世紀はじめまでには、現在のエチオピアとリベリアをのぞくアフリカ大陸のすべての地域を、ヨーロッパの国ぐにが占領し、キリスト教も広めていきました。

アフリカの国ぐには、1957年ごろになってようやく、ヨーロッパの国ぐにの支配から独立していきました。アルジェリアなど、北アフリカのいくつかの国では、その後、イスラム教が復活しました。

この地図は信者のいちばん多い宗教で色わけしたもの。アフリカの国ぐにのなかには、イスラム教とキリスト教と、その地域の独自の宗教が共存している国が多い。

マダガスカルのカトリック教会でのミサのようす。

PART 2 キリスト教をめぐる争いと歴史

オーストラリア

　オーストラリアには、**アボリジニ**とよばれる先住民がいます。アボリジニの祖先は、紀元前3〜4万年ごろ、アジアからオーストラリアにやってきたといわれる人たちです。彼らは、祖先や自然に対する伝統的な宗教を信じてくらしていました。

　そこに17世紀ごろからヨーロッパ人の探検家がやってきました。なかでも、イギリス海軍のジェームズ・クックは、1770年、現在のシドニーに上陸し、オーストラリアの東部をイギリス領とすることを宣言しました。

　1788年には、**囚人**779名をふくむイギリス人1500名が、現在のシドニーに上陸しました。そして、彼らはオーストラリアを開拓していきましたが、それまで信じていたキリスト教を、その後も信じつづけました。

　その後、金鉱が発見されたことなどから、世界各地から移民がオーストラリアにやってきました。そのため、さまざまな宗教が信じられていますが、ヨーロッパからの移民が多かったので、現在でも**キリスト教徒が多い**のです。

シドニーにある、セントメアリーズ大聖堂。オーストラリアを代表するカトリックの教会。

> ニュージーランドやタヒチ島など、そのほかの南太平洋地域では、1797年ごろから「ロンドン伝道協会」というプロテスタントの宣教師たちの団体が活躍し、キリスト教を広めました。

アボリジニ　イギリス人が入ってきたことは、アボリジニたちの土地がうばわれることでもあった。当初約30万人だったアボリジニは、その後5万人にまでへってしまったといわれている。

囚人　イギリスはそれまで、罪をおかした囚人をアメリカに流刑にしていたが、アメリカがイギリスから独立（1776年）してちがう国になると、新しい流刑地として、オーストラリアに囚人を送った。囚人のなかには、イギリスの支配から自分たちの文化や宗教を守ろうと抵抗してつかまったアイルランド人もたくさんふくまれていた。

キリスト教徒が多い　全人口の約61％。

PART 3 キリスト教についてもっと知ろう

キリスト教徒の多い国ぐに

いま世界に20億人近くのキリスト教徒がいるといわれていますが、現代の世界に広がったキリスト教のようすを見てみましょう。

世界のキリスト教分布地図

この地図は、キリスト教徒が多く住む地域をおおまかに示した地図です。また、どの地域にどの宗派が多いかもあらわしています。

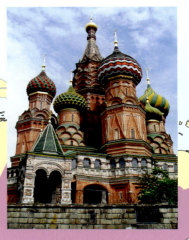

ロシア正教会の教会、聖ワシーリー寺院（ロシア、モスクワ）。

ヨーロッパ

アジア

アフリカ

オセアニア

- キリスト教（カトリック）
- キリスト教（プロテスタント）
- キリスト教（東方正教会）

出典：『大人も子どももわかるイスラム世界の「大疑問」』池上彰著、講談社＋α新書より作成

PART 3 キリスト教についてもっと知ろう

この地図から、世界の広い範囲で、キリスト教が信じられていることがわかります。また、西ヨーロッパや南アメリカではカトリック、東ヨーロッパやロシアでは東方正教会、北ヨーロッパやアメリカなどではプロテスタントのキリスト教が多く信じられていることもわかります。

しかし、色がぬられていない国にはキリスト教徒がまったくいないということではありません。この本を読んでいる多くの人が、日本で教会を見かけたことがあるのではないでしょうか。38ページで紹介したように、日本にも、約200万人のキリスト教徒がいて、教会も日本全国に多数あるのです。

東京都千代田区神田にある東京復活大聖堂（ニコライ堂とよばれる）は、東方正教会系の教会。

北アメリカ

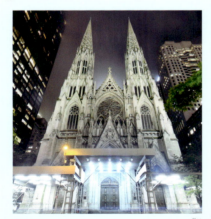
ニューヨークにあるセントパトリック大聖堂はカトリックの教会。

南アメリカ

キリスト教と芸術

ヨーロッパの芸術には、キリスト教の影響を強く受けたものや、キリスト教のおかげで発展した建築技術もあります。

布教のためにえがかれた絵画

キリスト教の影響を受けた芸術のなかで、代表的なもののひとつが絵画です。

ヨーロッパでは、聖書の場面をあらわした絵画が、かぞえきれないほどたくさんえがかれてきました。なぜなら、聖書を読めない人にもキリスト教の教えを広く伝えるために絵画が用いられたり、信仰の中心である教会を装飾するために絵画がえがかれたりしたからです。

とくに中世から近代にかけてのヨーロッパでは、キリスト教が人びとの生活の中心であったため、宗教画が多くえがかれました。

ベルギーの画家、ロベール・カンパンによってえがかれたとされている「受胎告知」。「受胎告知」とは、マリアのおなかに、神の力によってイエスがやどったことを、天使がマリアに伝えたということで、この場面はロベール以外にも、多くの画家によってえがかれた。

1521年に、イタリアの画家、ロッソ・フィオレンティーノによってえがかれた「十字架降架」。十字架にはりつけられたイエスがおろされている場面をえがいている。

教会をつくるために発展した建築

建築も、絵画とならんでキリスト教の影響を強く受けた芸術のひとつです。

キリスト教を信じる人たちにとって、信仰の中心は教会でした。立派な教会、威厳のある教会をつくるために、建築の技術も発展していったといわれています。

また、大きな教会（聖堂）をつくらせて、自分の権力を見せつけようとする国王やローマ法王もいました。そのため、ヨーロッパ各地に大きな教会がつくられました。教会の内部では、聖書を題材にした壁画が当時の有名な画家によってえがかれたり、ステンドグラスがつくられたりしました。

ヴァチカン美術館には、豪華な天井画がえがかれた回廊がある。

イタリアのミラノにあるドゥオモ（大聖堂）。14世紀からつくられはじめ、完成するまでに約500年かかった。内部は、聖書の物語をえがいたステンドグラスで装飾されている。

全巻さくいん

仏 仏教　イ イスラム教　キ キリスト教　ア アメリカの宗教

あ 行

- アーミッシュ　ア22
- ＩＳ　イ3, 42, 43
- アイルランド（系）　ア16, 21
- アジア　仏3, 9, 17, 24, 36, 40, イ22, キ6, 32, 34, 35, 36, 38, 39, 41, ア15
- アダムとエバ　イ12, キ10, 14, ア28, 29
- アッラー　イ6, 12, 14, 16, 18, 22, 32, 41, キ13
- アフガニスタン　仏34, イ25, ア44
- アブラハム　イ23, 38, キ14, ア36
- アフリカ　キ32, 40, ア38, 40
- アメリカ　イ30, 33, 37, 40, 43, 44, キ29, 32, 35, 37, 38, 41, ア2, 3, 6, 7, 8, 9, 10, 11, 12, 13, 14, 15, 16, 18, 19, 20, 21, 22, 23, 24, 25, 26, 27, 28, 30, 31, 32, 33, 34, 36, 37, 38, 39, 41, 42, 44, 45
- アラビア語　イ6, 8, 10, 18, 23, キ17
- アラビア文字　イ10, 20, 26, 31
- アラブ人　イ34, 35, 36, キ16
- アルカイダ　ア44, 45
- イエス（・キリスト）　イ12, 15, 20, 23, 35, 39, キ6, 7, 8, 9, 10, 12, 15, 16, 18, 20, 21, 22, 23, 26, ア9, 13, 14, 20, 22, 23, 25, 33, 42
- イエズス会　キ33, 34, 35, 36, 37
- イギリス　仏36, イ30, 33, 35, 43, キ27, 28, 29, 34, 40, 41, ア8, 9, 10, 16, 20, 37, 45
- イギリス国教会　キ28, 41, ア9, 10, 20, 24
- イスラエル　イ33, 34, 36, 37, キ6, 11, 14, 16, 17, ア36, 37, 38
- イスラム教　仏18, 19, 21, 35, 37, 38, 40, 41, 42, 43, イ2, 3, 6, 8, 9, 10, 12, 14, 15, 16, 17, 18, 20, 22, 23, 24, 25, 26, 27, 28, 29, 30, 31, 32, 33, 36, 38, 39, 40, 41, 42, 44, 45, キ12, 13, 16, 24, 34, 40, ア14, 15, 32, 38, 39, 40, 44, 45
- イスラム教徒　イ3, 6, 9, 10, 11, 13, 14, 16, 17, 20, 24, 25, 26, 28, 29, 31, 32, 33, 34, 35, 36, 39, 40, 41, 44, キ16, 25, 32, 34, 40, ア14, 37, 38, 43, 45
- イスラム原理主義　イ40, 41, ア44, 45
- イスラム国　イ3, 42
- イスラム法学者　イ30, 32
- イタリア　キ22, 32, ア20
- 一神教　仏42, イ25, ア15
- 一夫多妻　イ23
- イマーム（指導者）　イ21
- イラク　イ25, 26, 28, 36, 42, 43, キ17, ア45
- イラン　イ25, 26, 28, 30, 37
- 岩のドーム　イ39
- インド　仏3, 6, 7, 8, 9, 11, 12, 16, 18, 20, 21, 23, 24, 25, 26, 27, 30, 32, 33, 34, 35, 36, 40, 43, イ25, 31, キ33, 34, ア6
- インドネシア　仏40, 41, イ18, 25, 31, 32, キ33, 34
- ヴァチカン市国　ア30
- エルサレム　イ26, 35, 36, 37, 38, 39, キ14, 16, 22, 24, 25, ア33, 36
- オーストラリア　キ41
- お経　仏10, 14, 24, 25, 26, 27, 29, 30, 33, 36
- オスマン帝国　イ27, 31, 35, 45, キ30, 31
- オランダ　仏41, キ34, 38

か 行

- カースト制度　仏11, 20, 21, イ25
- カーバ神殿　イ3, 17
- 改宗　仏21, イ9, 24, 33, キ38
- 戒律　仏13, 29, イ14, 18, 33
- カトリック　仏35, イ3, 8, 19, 20, 21, 22, 27, 28, 30, 31, 33, 34, 35, 36, 37, 39, 40, 41, 43, ア7, 10, 16, 20, 21
- カトリック教会　キ18, 23, 27, 28, 30, 33, ア9, 30
- カナンの地　キ34, 35, キ11, 14, ア36, 37
- カルヴァン　キ27, ア20
- 感謝祭　ア13
- カンボジア　仏36, 39, 40
- 喜捨（寄付）　イ14, 17
- 救世主　イ12, キ6, 7, 12, ア14
- 9.11アメリカ同時多発テロ　イ40, ア3, 44
- 旧約聖書　イ22, 23, 39, キ10, 11, 12, 13, 17, ア9, 15, 26, 29, 30
- 教会　仏44, イ20, 39, キ3, 11, 20, 21, 22, 23, 28, 30, 31, 35, 43, 44, 45, ア12, 17, 20, 21, 22, 41
- 経典　仏10, 20, 28, 29, 44, イ9, 14, 15, 22, 34, 35, キ7, 12, 13, 17, 30, ア9, 15, 23, 26, 36
- キリスト教　仏18, 19, 21, 29, 37, 42, 43, 45, イ2, 12, 15, 19, 20, 22, 23, 24, 26, 31, 33, 36, 38, キ2, 3, 6, 7, 10, 11, 12, 13, 14, 15, 16, 18, 19, 20, 21, 22, 23, 24, 25, 26, 27, 30, 31, 32, 33, 34, 35, 36, 37, 38, 39, 40, 41, 42, 43, 44, 45, ア3, 7, 8, 9, 10, 11, 12, 14, 15, 16, 17, 18, 20, 21, 22, 23, 24, 25, 26, 27, 28, 29, 30, 31, 38, 39, 40, 41, 42, 45
- キリスト教原理主義者　ア19, 24, 26, 29, 30
- キリスト教徒　仏29, 35, イ22, 24, 26, 33, 35, 39, 40, キ3, 6, 13, 16, 21, 23, 24, 25, 31, 33, 35, 37, 38, 41, 42, 43, ア7, 8, 11, 12, 14, 15, 17, 18, 19, 21, 25, 32, 33, 38, 42
- キング牧師　ア40, 41
- クウェーカー教徒　ア10
- クウェート　イ32
- 偶像崇拝　イ8, 14, 19, 28
- クリスマス　キ18, 19, ア13, 42
- 解脱　仏17, 18, 19, 25
- 結婚　仏7, 20, 35, イ7, 13, キ19, 28, ア21, 27
- 還俗　仏35, 37, 38
- コーラン　イ9, 10, 11, 12, 13, 14, 15, 18, 19, 21, 22, 23, 24, 28, 29, 30, 41, キ13, ア15
- 国際連合（国連）　イ35, 36, キ16, ア37
- 黒人　イ33, ア6, 38, 39, 40, 41, 45
- 黒人解放運動　ア40
- 極楽浄土　仏19, 29
- 国教　イ31, 44, キ23, ア10, 11, 14, 20

さ 行

- 最後の審判　仏19, 43, イ12, 13, 15, キ11
- 最後の晩餐　キ20
- サウジアラビア　イ3, 6, 7, 29, 32, キ17
- さとり　仏6, 9, 10, 11, 13, 17, 18, 22, 32
- サンスクリット語（梵語）　仏6, 24, 30
- サンタクロース　キ19
- シーア派　イ28
- シオニズム運動　イ35, キ16, ア36
- シク教　イ25, 33
- 地獄　仏19, 43, イ13, 15, キ11, ア7
- 自然　仏2, 20, 42, 43, 45, イ2, キ2, 10, 40, 41, ア2, 29
- 十戒　キ11
- ジハード（聖戦）　イ41
- 自爆テロ　イ40, ア44
- 社会主義　仏33, キ31, 36, 37
- 宗教改革　キ27, 28, 33, ア20, 21, 22
- 宗教保守派　ア24, 25, 26, 27
- 十字架　イ20, 33, 35, 39, キ7, 15, 16, 23, ア13, 33
- 十字軍　イ26, キ24, 25, 32
- 儒教　キ35, 37
- 出家　仏8, 24, 25, 37, 38
- 巡礼　イ9, 14, 17, 29
- 上座部仏教　仏25, 34, 37, 38, 39, 40
- ジョージ・ブッシュ　ア17, 19, 25, 45
- ジョージ・ワシントン　ア13
- ジョン・F・ケネディ　ア16
- 進化論　ア28, 29, 30
- 神社　仏39, 42, 45
- 人種　イ17, ア7, 32, 40, 45
- 神道　仏3, 42, 43, 45
- 神父　キ19, 21, 26, 32, ア20, 21
- 新約聖書　イ15, 22, 23, キ6, 7, 8, 12, 13, 15, 18, ア9, 25, 26
- スイス　キ27, ア20, 22, 27
- スコープス（モンキー）裁判　ア28

スペイン ア26, キ34, 35, 38, 39	34, 36, 38, 39, 42, 43, 45, イ18, 24, 42, 43, 44, キ8, 33, 37, 38, 43	マルティン・ルター（ルター）キ26, 27, ア20
スリランカ 仏34, 35, 36, 37, キ33	妊娠中絶 ア25, 26	マレーシア イ18, 32, キ33
スンニ派 イ28, 42	ネイション・オブ・イスラム ア39, 40	ミサ キ20, 21
政教分離 ア11	ネイティブアメリカン（インディアン）ア6, 9, 13	南アメリカ キ39, 43
聖書 イ12, 15, 22, 23, 34, 38, キ8, 10, 12, 13, 14, 17, 26, 27, 31, 44, ア3, 9, 15, 19, 21, 23, 24, 26, 27, 36	ネパール 仏7, 9, 32	ミャンマー 仏30, 34, 37, 39, 40
	涅槃 仏10	民族 仏3, 20, 35, 37, イ3, 9, 17, 22, キ6, 14, 15, 37, ア6, 7, 33, 45
聖遷（ヒジュラ）イ8	念仏 仏29	ムスリム イ6
聖体拝領 キ20	**は 行**	ムハンマド イ6, 7, 8, 9, 10, 11, 13, 15, 16, 17, 18, 21, 23, 28, 39, ア14
聖地 仏9, 21, イ3, 16, 17, 27, 29, 36, 38, キ16, 24, ア40	パウロ キ22, 23, 31, ア21	メイフラワー号 ア8, 9, 13
聖墳墓教会 ア39, キ16	パキスタン 仏8, 25, イ25, 32, 33	メッカ イ3, 6, 7, 8, 9, 16, 17, 20, 22, 29, 39, ア40
宣教師 キ32, 33, 34, 35, 36, 37, 38, 41, ア23	ハディース イ9, 11, 29, 30	
	バラモン教 仏11, 16, 20, 21, 32	メディナ イ8, 9, 29
先住民 キ39, 40, 41, ア6, 9	パレスチナ イ34, 35, 36, 37, キ14, 16, 17, ア36, 37	モーゼ イ15, 23, キ11
宣誓 ア3, 11	パレスチナ人 イ36, 37, キ16, 17, ア37	モスク イ20, 44
洗礼式 キ21, ア12	PLO（パレスチナ解放機構）イ37, キ17	モルモン教 ア7, 22, 23
僧 仏9, 24, 26, 27, 28, 30, 31, 32, 33, 34, 35, 37, 38, 39, 40	東ローマ（ビザンツ）帝国 ア26, キ23, 30	**や 行**
	ピューリタン キ27, 29, 34, ア9, 10, 13, 16, 20, 21	ヤハウェ キ14, ア32
総本山 仏34		ユダヤ教 イ9, 12, 15, 22, 23, 24, 31, 36, 38, キ6, 7, 8, 10, 11, 12, 13, 14, 16, 17, 30, ア7, 14, 15, 26, 32, 33, 36, 39, 43
た 行	ヒンドゥー教 仏3, 16, 20, 21, 22, 23, 32, 35, 36, 40, 41, 42, 43, イ25, 31, キ34, ア15	
タイ 仏3, 6, 34, 37, 38, 39, 40	フィリピン キ35	ユダヤ教徒 イ22, 23, 34, 38, キ6, 7, 10, 12, 13, 14, 15, 20, 22, 25, ア14, 32, 37, 43
韓国 キ37	福音主義者 ア24	
大航海時代 キ32	福音書 キ7, ア25	ユダヤ人 イ15, 23, 34, 35, 36, 37, 38, キ6, 11, 14, 15, 16, 17, ア32, 33, 34, 36, 37, 39
大乗仏教 仏19, 25, 26, 27, 28, 29, 30, 32, 34, 40, 41	豚肉 イ14, 18	
多神教 仏20, 21, 42, イ8, ア15	仏教 仏2, 3, 6, 9, 10, 14, 16, 17, 18, 19, 20, 21, 22, 23, 24, 25, 26, 27, 28, 29, 30, 31, 32, 34, 35, 36, 37, 39, 40, 42, 43, イ19, 20, 25, 31, キ37, 38, ア15	ヨーロッパ 仏26, 41, イ22, 24, 26, 27, 30, 31, 33, 35, 37, 40, 42, 44, キ3, 15, 18, 21, 23, 26, 27, 28, 32, 33, 34, 36, 38, 39, 40, 41, 44, 45, ア9, 20, 22, 33
ダライ・ラマ 仏32, 33		
断食 イ14, 16		
チベット 仏32, 33	仏教徒 仏9, 29, 30, 36, 37, キ35, 37	
チベット動乱 仏33	仏像 仏26, 27, 36, 39, イ20	預言者 イ6, 7, 8, 9, 14, 15, 19, 23, 28, 39, キ13, ア23
中国 仏6, 22, 23, 25, 26, 27, 28, 30, 31, 32, 33, 36, キ33, 35, 36, 37, 38, ア37	ブッダ 仏6, 7, 8, 9, 10, 11, 12, 13, 14, 15, 16, 17, 18, 21, 22, 24, 25, 27, 29, 30, 31, 35, 37	
中東 イ24, 33, 35, 42, ア38		**ら 行**
中東戦争 イ36, キ17	ブラジル キ39	ラオス 仏36, 39
朝鮮半島 イ25, 27, 28, キ37	フランシスコ・ザビエル キ33, 38	律法 イ15, 22, 23, 34, 38, キ8, 9, 12, 14, 15, 26, 36
朝鮮民主主義人民共和国（北朝鮮）キ37	フランス イ40, キ33, 35, ア30, 35, ア20, 37	
寺請制度 仏29		輪廻 仏16, 17, 19, 21, 31, イ25
天国 仏19, 43, イ13, 14, 41, キ11	プロテスタント キ8, 21, 27, 33, 34, 35, 37, 41, ア7, 9, 16, 17, 20, 21, 22, 24, 30	礼拝 イ11, 14, 16, 21, キ3, 21, ア12, 13, 42
天上 仏16, 19, 43		ローマ・カトリック キ3
天地創造 イ12, キ10	ペテロ キ22, 23, 31	ローマ帝国 イ34, 38, キ7, 14, 15, 22, 23, ア20, 33, 36
ドイツ イ33, キ18, 26, 27, 28, 30, ア16, 20, 22, 33	ベトナム 仏40, キ35	
	ヘンリー8世 キ28, ア9, 20	ローマ法王 キ3, 22, 24, 25, 26, 27, 31, 33, 36, 39, 45, ア21, 30
同性婚 ア25, 26, 27	牧師 キ21, ア21, 22, 40, 41	
東方正教会 キ18, 20, 23, 27, 30, 31, 43, ア20	ポルトガル イ26, キ33, 34, 35, 38, 39, 40	六信五行 イ14, 18
	煩悩 仏10, 15, 29	ロシア キ30, 31, 43, ア37
トルコ イ26, 27, 30, 31, 32, 33	**ま 行**	**わ 行**
な 行	マリア イ23, キ6, 31	WASP ア16
嘆きの壁 イ38, 39, キ16	マルコム X ア39, 40, 41	
ナチス・ドイツ イ35, 36, キ16, ア33		
日本 仏2, 3, 6, 7, 25, 26, 27, 28, 29, 30, 31,		

■ **著者**

池上　彰（いけがみ　あきら）
1950年、長野県松本市生まれ。慶應義塾大学卒業後、1973（昭和48）年、NHKに記者として入局。1994（平成6）年から「週刊こどもニュース」キャスター。2005年3月にNHK退社後、現在ジャーナリストとして活躍。著書に『ニュースの現場で考える』（岩崎書店）、『そうだったのか！アメリカ』（集英社）、『相手に「伝わる」話し方』（講談社）、『池上彰の情報力』（ダイヤモンド社）ほか多数。

■ **表紙・本文デザイン／長江知子**

■ **編さん／こどもくらぶ（木矢恵梨子）**

「こどもくらぶ」はあそび・教育・福祉分野で、子どもに関する書籍を企画・編集するエヌ・アンド・エス企画編集室の愛称。小学生の投稿雑誌「こどもくらぶ」の誌名に由来。毎年約100タイトルを編集・制作している。
作品は「ジュニアサイエンス これならわかる！科学の基礎のキソ」（全7巻）「ジュニアサイエンス 南極から地球環境を考える」（全3巻、ともに丸善出版）など多数。

■ **制作・デザイン／株式会社エヌ・アンド・エス企画（石井友紀）**

※地名表記は『新編 中学校社会科地図』『楽しく学ぶ小学校の地図帳』（共に帝国書院）、宗教人口の数値は特に記載のない場合、外務省ホームページによる。

■ **イラスト／中野リョーコ**

■ **編集協力／古川博一**

■ **写真協力**

P4：© Antoine Beyeler-Fotolia.com
P7（上）：© Rostislav Ageev ¦ Dreamstime.com
P8：© Camping23 ¦ Dreamstime.com
P9（右下）：© sergiymolchenko-Fotolia.com
P9（左下）：© oben901-Fotolia.com
P14：小田桐知
P15（中央）：旅人けい -Fotolia.com
P15（右下）：© Vladimir Liverts-Fotolia.com
P17：© jukovskyy-Fotolia.com
P18：© Scirocco340-Fotolia.com
P20（上）：© Photowitch ¦ Dreamstime.com
P21（上）：© Pc Cerveau ¦ Dreamstime.com
P21（下）：© Kushnirov Avraham ¦ Dreamstime.com
P25（上）：© WitR-Fotolia.com
P25（下）：© Mary Lane-Fotolia.com
P27：© Depe-Fotolia.com
P27（下左）：© Georgios Kollidas-Fotolia.com
P28（下）：© valeryegorov-Fotolia.com
P29：© Chlodvig ¦ Dreamstime.com
P30：© Nataliia Belovodenko ¦ Dreamstime.com
P31：© Andreadonetti ¦ Dreamstime.com
P34：© Pratik Panda ¦ Dreamstime.com
P35（右）：© Jacnwill ¦ Dreamstime.com
P36（右円内）：© Jeremy Richards ¦ Dreamstime.com
P37：© Sebastian Czapnik ¦ Dreamstime.com
P39：© sfmthd-Fotolia.com
P40：© Pierre-yves Babelon ¦ Dreamstime.com
P41：© Hiro ☆彡 -Fotolia.com
P43：© Sean Pavone ¦ Dreamstime.com
P45：©MoustacheGirl-Fotolia.com

※上記以外の写真そばに記載のないものは、社内撮影分もしくはフリー画像など。

この本の情報は、2016年9月現在のものです。

池上彰のよくわかる世界の宗教
キリスト教

平成28年11月25日　発行

著　者　　池　上　　彰

編さん　　こ ど も く ら ぶ

発行者　　池　田　和　博

発行所　　丸善出版株式会社
〒101-0051　東京都千代田区神田神保町二丁目17番
編集：電話（03）3512-3265／FAX（03）3512-3272
営業：電話（03）3512-3256／FAX（03）3512-3270
http://pub.maruzen.co.jp/

© Akira Ikegami, 2016
組版・株式会社エヌ・アンド・エス企画／
印刷・富士美術印刷株式会社／製本・株式会社 松岳社

ISBN 978-4-621-30087-9　C 8316　　　　Printed in Japan
NDC190/48p/27.5cm×21cm

本書の無断複写は著作権法上での例外を除き禁じられています．